너무 노골적이지 않은

빛남시선 158

너무 노골적이지 않은

김영옥 시집

빛남출판사

• 시인의 말

혹서(酷暑)를 견딘 모두의 마음은
참담하고
복잡할 것이리라.

이 시점에서 담금질 시켜 버티게 해 주는
글쓰기에 무한 감사한다.

여전히 아무것도 하고 싶지 않은
황홀한 유혹과 함께….

2024년 12월

김영옥

시인의 말 •5

1부

전선줄 위의 해후邂逅 •13
장마 - 방울이 •14
국밥과 놓여남의 재해석 •16
강구에서 •18
두 손을 모으다 •19
방아사 •20
원효암 전경 - 오어사에서 •22
사과알 솎기 •23
자정 즈음에 •24
오염 더욱 채송화 •26
높은음자리표 •27
부전시장 명물 할매 •28
너무 노골적이지 않은 14시 •30

2부

추억, 그 왁자한 · 35
진상, 먹으로 추상 · 36
형형한 고요함에 왈칵 · 38
영도다리에 서면 · 40
봄의 얼굴은 연일 흐릿하지만 · 42
거처를 옮기며 · 44
마음 소지 · 46
보수초교 버스정류장 · 48
소서 즈음에 · 50
물끄러미 · 51
그 해 겨울 · 52
4월, 으아리 넝쿨 · 54
코로나 블루 · 56

3부

음성에 가다 • 61
함덕에 왔다간다 • 62
녀석을 보냈다 • 64
의림지를 떠올리며 • 66
제의祭儀 • 67
낡은 스웨터 • 68
무게 Ⅰ • 69
소묘素描 • 70
부산의 예수 • 72
무게 Ⅱ • 74
구포 장날 • 76
돌아보면 • 77
넌즈시 출렁이는 • 78
우산을 펼친다 • 79

4부

무게 Ⅲ • 83
작업 • 84
귀가 Ⅰ • 86
빈 집 88
한 닢의 넋두리 90
7월 • 92
풍경 속으로 Ⅰ 93
술꾼 장씨 • 94
비애悲哀 • 96
1979년 겨울 97
작업 Ⅱ • 98
따뜻한 바람 • 99
본질의 미학 • 100

해설_김영옥 시의 세계 / 정훈 • 105

1부

황외성 作

전선줄 위의 해후 邂逅

까마귀 날아가 액자가 되어 주는 아침

아주 작은 기다림은 버리기로 한다

감탄사 같은 것도 잊어버리자

털어내자고 산사를 찾으면 뭐하나

더운 날 껌처럼 붙어 버린 감정은
다림질해도 자국이 남는 걸

글썽한 시야에 하늘은 너무 도도하고

장마
―방울이

전화기를 만지작거린다

녀석이 무지개다리를 건넜다는
소식이 전해질까 봐
비가 들이치는 창을 닫았다
먼 곳이라 안심이다
마음만 닿으면 되니까

비린 것이 먹고 싶다는 절집 그녀와
시장통 생선구이 집에 마주 앉으면
먹성 좋은 녀석이 아무거나 삼켜서
종일 토해 냈다는 얘기 속에
그녀의 눈물도 종지에 담겨 나온다

의지할 곳이라곤 녀석뿐인
노쇄한 그녀의 엉거주춤한 치다꺼리가
부담스럽지도 않은지
어제도 녀석은 병원 신세를 졌단다

헤어져 오면 안부 전화 한 통 없는 내가
늘 서운하다는 그녀의 말이 맴돌아
자꾸 전화기를 만지작거린다

국밥과 놓여남의 재해석

곡우穀雨 지난 나들잇길에
오색의 우산을 흥건히 적시며
벽오동같이 여린 설렘과
운무雲霧의 하염없음처럼 비가 온다

시름을 토닥이듯 흩뿌리던 안개비는
못나게 치덕치덕 부대끼고
속앓이하듯 울먹이다가
흥건해진 채 온종일 그치질 않는다

그러거나 말거나 휴게소에서 조식을 먹고
수라상 같은 오찬을 즐기며
빗속에서 토해 낸 수다들은
겨드랑이쯤에 엉거주춤
걸려 있던 울분이겠지

새벽같이 병석의 남편을 위한
밑반찬을 준비해 두고
희망고문 따위에 갇히지 않고

영랑 시인의 모란 언덕에 쏟아지던
빗줄기 속으로 낙화 속으로 날아다니며
우울한 목포를 순천을 와락 부비고 끌어안는다

강구에서

나비산 밑의 미꾸리 매운탕집은
빗속에서도 연일 장사진이다
대가족과 노부부와 동창들의
지루할 법한 오랜 기다림이 무색하다

고추장만으로 간을 한 걸쭉함이
내장에 끼인 지방을 들쑤셔
녹여낼 듯한 얼큰함이라니

냄비에 수북이 올라앉은 신선함과
투박하고 단순함의 정직이
입안으로 달착지근 들러붙어
몸보신하듯 구슬땀 보상받는 기분이다

두 손을 모으다

낡은 건물 앞 어린 유도화를 보며
지구 반대편 거리의 무성함을 반추한다

급격한 기후 변화에 무방비 상태인 지금
미래를 논하는 것은 어불성설語不成說인가
그렇지는 않을 것이다

싹이 돋아나는 것처럼
상처가 아무는 것처럼
눈물이 마르는 것처럼
아이가 자라는 것처럼

잊히지 않고 가슴에 남아 있는 무엇처럼

방아사

젊어 오랜 시간
두고 가 버린 이를 향해
불망不忘과 원怨을 키워왔다면
이제 두고 갈 것들을
말끔하게 가름하여
흐르게 하고자 한다

남쪽의 고즈넉한 산사 뒤
우뚝 선 봉우리에 매달린
몇몇 하염없는 얼굴들

지하철 문이 열릴 때나
앞서 걷고 있거나
시장통을 스쳐간다
언제나 같이 있음이다

썰물 된 나루터에
마알갛게 걸린 감태처럼
서로에게 향기롭기를

허름한 선착장 밑의 소용돌이
너털웃음처럼 얼싸안고
그렁그렁 호탕하기를

원효암 전경
-오어사에서

우중충 돌계단에 화사한 연두벌레
인적 없는 곳 인도人道인 줄 모른다

짝짓기 중인 무당개구리
붉은 배를 보이며 달아나려 해
같이 갈래 물었더니 움직이지 않는다

오래전 기억을 더듬어 깊이 들어가 보니
낡고 너른 정겨운 옛 모습은 아니었으나
무언가 살려내야만 할 것 같았던
신묘한 이끼색의 가라앉은 정취 여전하다

사과알 숨기

작업자들이 놓친 사과 한 알

잎사귀 뒤에 숨은 사과 다섯 알

나무에 기대어 하늘을 품고

한나절 만에 얻은 평안 한 줌

자정 즈음에

수채화 같던 하늘로부터
무찔러 오는 눈발
비탈진 담장으로 쏟아져 내리며
너무 오래 참았다고
거친 숨소리를 내뱉는다

그건 내가 할 말이었다

몽이와 눈밭을 구르는 사이
거침없이 마구마구 함부로
스·며·든·다·

무뢰한처럼 달겨들다 스러지고
욕설처럼 일방적으로 퍼붓다가
귀밑으로 꽂히는 저릿함

이 느낌은 얼마나 오래전의 것일까
어디서부터 시작된 것일까

남쪽에 살고부터 잊고 지내던
설레임이라는 날것에 얼굴을 비벼본다

오염 더욱 채송화

폐수거장 분진의 요동이
피부로 주변 전체로
들러붙었을 일상 생생한 공단 거리

오염수로 허접해진 하천은
막걸리로 연명해도 형형한 눈빛을 지녔던
천상병 시인의 몰골을 닮아 있다

인간은 더러운 흐름*이라고 명명했던
위대한 햇살 이끼 틈에 직각으로 꽂히며

가운데로 가운데로 가느다란 물줄기
이놈 이놈 머리를 쓰다듬는다

* 니체의 명언 중에서

높은음자리표

아침부터 붉게 볕이 뜨겁다

마늘쫑을 뽑는다

연하디 연한 새순이 고개를 흔든다

호기심 많은 미어캣같이
음계를 그리며
물뿌리개와 인사를 나누는 아침

부전시장 명물 할매

부전역 엘리베이터 안

중년의 배낭이 할매 허리춤에 닿았던 모양

다짜고짜 욕지거리다

중년이 사람 좋게 그러지 말라며

옆구리 비비적 했는데

대놓고 이년 저년 한다

곁의 남자가 할매를 나무라자

네 놈은 저년 서방이냐고

빙판 낚시구멍처럼 희번뜩 악다구니다

관심 밖 그늘 속 삶의 패악인가

일생이 마른 목처럼 팍팍했거니

엘리베이터 안 일행이 혀를 내두른다

서로에게 갚지 말자며 지상에 오르자

귀한 싸락눈이 쌓일 듯 휘몰아친다

너무 노골적이지 않은 14시

습한 저녁놀이 산등성을 더듬고 있던 오후
과거와 현재 사이의 부침에 대한 삶의
슬픈 보고서를 읽는다

숲속으로 교향곡처럼 훌씨 흩내리고
한 꼬집 설탕의 익숙한 오수 즈음
죽음을 예감한 노견의 짧은 울부짖음이
우여곡절 적송 가지 위에 얹히더니
질척한 웅덩이 속으로 가라앉는다

서쪽 하늘은 깊은 사유 중이고
동쪽 하늘은 화를 장전 중이라
광안대교 깊은 해무로 정체 중이라니
남쪽은 울고 있는 모양이다

지극한 이기주의는 이타주의와 통한다던 합리와
양의 급소를 찌르던 양치기처럼 타협한다
세상은 더러운 흐름이라던 니체
잊히지 않는 희랍인 유리의 그렁그렁한 눈길

한 번은 잘 살 거라던 유언을 주문처럼
붙들고 살아 낸 비포장도로 같던 시간들이여

거친 길들이 묘비명이 되게 해 주마고
말 더듬듯 어둑한 유림의 숲에서
눈물의 골짜기를 지나온 과거는
안온한 홀씨의 유랑처럼 가벼워진다

2부

황외성 作

추억, 그 왁자한

동백이 지천으로 피는
남쪽에 살고부터는
싸아한 겨울 냄새만 나면
막무가내 서울이 그립다

사내들은 목숨 걸고 사랑하고
「부베의 연인」이 흘러 다니고
커피 향 왁자하던 명동 뒷골목

아이를 업고 내려다보면
만리동 고개 철길 언저리
희뿌연한 아침 안개가
칭얼대듯 서성이던 강

아슴하게 고물대는 기억들을
싣고 헐떡이는 열차를 향해
동냥하는 아이처럼 손을 흔든다

이젠 어디에도 없는
메케한 기억이여 안녕

진상, 먹으로 추상

 보름달 가린 조개구름 사이 헤집고 잡아내
 술안주가 되어 버린 어린 게들에게 묵례하고
 만군으로 밀려드는 물살에 살아낸 시간만큼 미끌리며
 해초를 뜯어내 비명처럼 신음처럼 칠칠 웃어본다

 달빛 사이 해초는 태고의 순수처럼 청량했으나
 그저 흔들림으로 빛날 뿐이었음에 아연하다

 거칠 것 없는 젊은 것들은 우렁우렁 패기를 쏴 올리고
 대륙을 휩쓴 불꽃처럼 이글대는데

 서툰 길을 돌아온 기진한 우리는
 석쇠에서 피어오르는 모깃불만한 저녁에도 콧등 시큰하다

 지는 해가 안온한 바닷가에서
 듬성한 머리칼을 쓸어내며 서해 배경을 담아 두

기도 하고
 무릎까지만 짠물을 허용하기도 하지 소심하게스리

 줌바댄스 강사와 택시기사가 확진자를 퍼트린다는
 대전을 요리조리 피해 간편식을 우물대며
 보령 지나 세細모래가 일품인 원산도를 다녀온 우리는

 코로나 사수 중인 일상의 아군임에도 계급장 떨어진
 패잔병 꼴이 되어 있었지만
 마음만은 협심증 치료제를 선물하겠다는 우정에
 헤벌쭉 황홀하다

형형한 고요함에 왈칵

밤의 강가에 뗏목을 띄웠다

모래를 뱉어내며 죽어 간다는
맹그로브 나무 즐비하다

머리를 풀어헤치고 향을 피워 올리며
유언처럼 비장하게 뒤채이는 강물

다문다문 별 함께한 초생달이
숲을 쓰다듬듯 어루만지는데
칠흑같은 적막을 깰 모양인가

강 위로 일제히 날아오르더니
산호가 담겼던 비릿한 모자에 안긴다

그 불빛 아래 책을 읽었다지

아득히 먼 거리의 별들과
차오르는 달빛에 안겨

휘황하게 생을 마감하는 그대

숲의 요정들과 대면하다

영도다리에 서면

그때 왜 그랬어요
그땐 다 그랬어
그을음 찌든 매케한 통통배
그대들 마음 아랑곳하지 않는다

숱한 표정들이 배 밑을 서성이다가
꼬리풀처럼 새촘해진다

우린 그때
호피무늬억새랑 호랑가시나무 닮아
불편하고 사나울 수밖에 없었을까

다 그렇진 않았을 거야

토끼털 코트를 입은
다섯 살 아이의 사진이 있거든

숱한 이들이 거친 바람에 부대끼다가
한낮의 슬레이트 지붕처럼 무기력해진다

꽃들이 나를 외면하고 빛을 향하듯
아무도 돌아보지 않는다

삐걱이는 계단을 가진 집이
쓰러질 듯 서 있는 골목에서 내려다보면
오래전 이야기를 누더기처럼 껴입은 그가
서늘한 하늘을 올려다보고 있었지

봄의 얼굴은 연일 흐릿하지만

화양연화 OST가 낮은 중국집 들창을 지나
그늘진 주택가 쪽문 안으로 스며든다

그녀가 있어 오늘의 내가 있노라고 말했다는
그녀 남자의 말에 눈시울이 더워진다

여러 번의 수술로 보행이 힘겨운 그녀를 위해
장미 한 송이 식탁에 꽂을 줄 아는 남자

세례를 받도록 북돋워 주고
천국에 갈 날을 손꼽아 기다리게 만든 사람

믿음이 강한 그녀를 귀히 여기고
외롭고 설운 이생의 지루한 날들 위에
기댈 수 있는 어깨가 되어 준다지

피폐하고 탁한 날들을 견디면
무성한 녹음을 바라볼 수 있기를

그녀를 부축해 걷던 길에 내리꽂히던
목메이게 그리운 햇살이
지린내 나는 골목 엉거주춤 줄담배 중인
애처로운 그녀의 머리 위로 낭자하다

한 번도 피어보지 못한 그녀의 방탕한 생에
정오의 햇살이 꽃처럼 가득하기를

거처를 옮기며

방위가 안 좋다 하여 남쪽으로 오시게장을
한 바퀴 돌아 이삿짐을 내린다

구순의 노모를 건사하려 가까운 곳에
터를 잡았다가 아직 시기 상조임을 깨달았다

아내에겐 손찌검도 마다않던 시부께서
새 집에 솥단지와 소금을 준비해
잡귀를 몰아내고 보일러를 쾅쾅 틀며
"에미야, 젤 큰놈 늦게 봐줘서 미안타" 하시던
생전의 두툼한 손등이 그리운 날이다

목청 큰 남편을 잃은 시모는
버거운 자식들 뒤에서 중얼중얼
음소거 된 참견을 일삼으며
빈자리를 채우는가 싶다

나이 들면 비워가며 살아야 한다지
혼수로 장만했던 공단이불에 낀

세월의 검버섯을 보고
자신을 보듯 소스라친다

마음 소지

장대비가 퍼붓는데 비옷을 여며 주는 할매

추석에 내놓을 붉은 사과를 위해
한시바삐 이파리를 솎아내야 한다며
초롬히 비를 맞는 일
아주 오래 전으로 돌아가 보는 일

빗속으로 돌아올 수 없는 사람들
몇몇을 꼽아 보는 일
이승에선 이룰 수 없는 미진함을
풍기 동천사 뒤뜰에 묻어 두는 일

한사코 그 먼 농장에 가 보고 싶던 것은
빈집에서 새어나오는 불빛처럼
마음을 가리우던 그늘처럼
익숙함을 끄집어냈기 때문일까
잊지 못함을 자책하기 때문일지도

젖어 널부러진 사과 이파리처럼

흠씬 씻겨졌을 기억 추스린다

보수초교 버스정류장

옛 모습이라곤 남아 있지 않은 사십계단 아래서
차를 마신다

멀리서 온 처자들이 앞다투어 셔터를 누른다
설렘과 환호를 보는 것만으로의 위로는 얼마나 큰지

어둠이 내리는 골목길을 돌아 붉은 성당을 만난다

크리스마스를 앞둔 작은 성당의 불빛들이
온기 없는 주변의 손을 잡아준다

성당은 유년의 기억으로 언제나 따스하지

어머니의 사십구재가 지나고
고생만 하던 지인의 아내가 세상을 등지면서
피폐해진 우리의 가슴에 성당의 첨탑을 모신다

홀로 어둔 거리는 낯설다

출판사 골목이 보이는 보수초교 앞에서
버스를 타고 낯설음으로부터 벗어나며
유년의 그리운 첨탑과도 벗어나다

소서 즈음에

많은 유병자를 배출했을 여수화학공단이
변함없는 노을 함께 어둠을 끌어안더니
중세의 궁전처럼 휘황한 네온으로 치장한다

밝은 대낮에 본 여러 가닥의 전선이
덧들린 상처처럼 엉켜버린 채
삭은 양철지붕을 이고 있던
허망하게 안타까운 휴일을 지나며
옥수수보다 더 성실했던 감정과 의지를
흐린 풍경처럼 소진해 버렸음에 아연해진다

복사꽃 같던 시절을 돌이켜 보는 것일까

볼이 움푹 패인 할매가 어둡고 빈 휴게소에서
복숭아 한 소쿠리 내밀고 앉았다

물끄러미

한창 번성하던 포구에 다리가 생기고부터
사는 일이 부질없어진 나루터로
묶인 개 한 마리 버둥거릴 뿐
철썩임조차 조신하다
달은 차오르고 물밑은 훠언한데도
다리 놓였으니 섬에 산다고 말하지 말아 달라는
손자의 명민함으로부터 우리는
얼마나 멀리 오래 거슬러 온 것인지

기암괴석 사이를 배로 지나고
물거품 아래 던진 과자를 기막히게 건져 먹는
갈매기의 희디흰 속살을 보아도
그저 심드렁하다
먼 산을 물끄러미 바라보던
그런 나이가 된 것이다

짧은 햇살이 모진 2월이
악몽으로 허우적대는 간밤의 새우잠이
그저 안타깝기만 한 것이다

그 해 겨울

폐가 거미줄 낀 의자 위의 허기진 냥이는
몇 번을 들여다봐도 눈 뜨지 않는다

어린 두 냥이가 퇴락한 주방 창을 기웃거린다

재개발구역 팔려 버린 저택에 은둔 중인 노인의
식사 준비 짬짬이 비린 것을 모아
바람 에이는 뒤란에 내어 놓는다

어린 것들이 허겁지겁 배를 채우고 간
뒤에도 어미들은 범인처럼 서성이기만 한다

TV에선 연신 입양한 돌박이 학대 사망 시킨 뉴스로
알미늄 풍선처럼 공기조차 팍팍하게 만든다

살아간다는 일이 짧은 해처럼 신산스럽다

눈 뜨지 않는 주검 때문일까

아기 냥이는 아침마다 게걸스레 보챈다
녀석들은 경계심을 타고 났는가
온기 없는 덤불 속을 살금거린다

저절로 닫히는 콰당거림 삐걱임
세금 바치고 온다며 노인마저
지팡이 짚고 외출해 버린
앙상한 뼈다귀 같은 빈집

벌어진 문 틈 사이를 지나쳐 버리려는 햇살과
냥이 가족들의 동선을 따라다니다가
태풍에 쓰러진 나무둥치를 걷어내니 정원 가운데
품위 있게 앉아 있던 연못 장식

영화로웠을 지난 시간들을 반추하며
녹슨 그릇에 연민 가득 부어 놓고
돌 아 선 다

4월, 으아리 넝쿨

옥수수 스프에 담긴 햇살과 바람을 건져 먹는다

제기祭器마다 푸성귀를 가둔 해묵은 커튼이 수줍다

입구에서 목청껏 반가운 수탉에게 목 수저 한 벌 널어둔다

행려병자인 듯 잠적한 그대와 두고 온 녀석의 안부가 베인 듯 아리게 철퍼덕이며 철길을 건너오고 있다

희끗한 미소 곁에 아슴한 세월이 무덤덤 지나가는지 졸고 있는 정오의 으아리 넝쿨이 나붓하다

문지방 모자이크 타일의 아득한 시선
주인 마음이 먼 곳을 헤매고 있는가

4월 붉디붉은 비장한 꽃망울을 눈감은 자들에게 바치니
청량한 아침을 지나온 감사가 어룽어룽 어깨를 감싼다

홀로 의연히 버티고 있다는 묘령의 나무는
어느 산등성이를 부지깽이처럼 헤매고 다니는지
마음 둘 곳 없는 자들에게 스테비아 잎을 건네
입꼬리 치올라가는 모양 보고 싶다

*수산의 찻집 '알 수 없는 세상'에서

코로나 블루

눈이 내리고 싶지도 않고
얼어버리고 싶지도 않다는
남녘의 아침은 매 맞은 얼굴처럼 푸르딩딩하다
계란이라도 굴려 가라앉히고 싶을 만큼
이십 년 만의 폭설이라는 뉴스는 전해만 듣는다

입도 잃고 눈도 향방을 알 수 없는
보지도 듣지도 못한 세상을 만난 이들의
황당한 표정은 엄중히 가려져 있다

마주보고 뺨을 맞추고 얼싸안으며
가까이 눈으로 말하던 때가 언제였나

동이 트기 전에 휘몰아치던
원망과 분노와 무기력과 울분은
날이 밝으며 이성을 찾은 척 괴괴하다
언제 포효할지 모르는 갈퀴를 품은 채

이대로는 숨이 멎을 듯 위태롭다

애꿎은 어린 것들을 가해하는 이유일까
이유 없이 일가족을 몰살하는 이유일까
옆구리로 삐져나와 터질지도 모른다

거리는 무장한 코로나에게
눈길을 포위당한 채 공허하기만 하다

3부

황외성 作

음성에 가다

햇살의 예쁨을 한몸에 받았는지
오종종한 오가피 새순 숨쉬게
끝순만 놔두고 다 따가라는 경수댁

장에 가자며 장 뚜껑을 닫는 남자
순식간에 쏟아지는 여우비
앵두나무 꽃순이 소란스러운 봄날

연리목이 올려다 보이는 외현의 거처
곁에 조부의 묘를 조성한 손길이 가상타
도선사의 보살도 축원을 아끼지 않는다

숲에서 바람 햇살 동무하던 할미꽃 업어다
베란다에 두었더니 물끄러미 창밖만 바라본다

함덕에 왔다간다

청다래가 익어가고 이끼꽃이 뒤덮인
현무암 전시장 위로 이슬비 흩뿌린다

어제의 순진무구하던 연록의 물색이 그립다
곰막식당 앞 파도에 네 얼굴 일렁인다

차창에 후두둑 원을 그리다가
희미하게 피식 웃고 있다가
마알가니 빠져나오기도 한다

빗줄기가 키워낸 싱그런 오름들
흰 국화에 뒤덮인 상여를 돌아나오고
반딧불이에 둘러싸인 요정을 지나친다

애월의 숭숭한 돌담에 끼인 탄식 한 줌
색이 계속 변한다는 란타나의 요염함과
해당화와 자벌레의 동침이 눈부신 정오
바위 아래 하얀 모래에 녹아들어

도처에 상심한 구름들 쓰다듬고 있다

네 이름이 부르고 싶다

녀석을 보냈다

초파일 여여정사에 꽃등 띄워 준
우리 미칠이 십칠 년째
무병 무탈 장수 중이었었다

고개도 가누지 못하고
대소변 깔고 누워 기다리던 녀석에게
말복에 너무 고생스러우니
무지개다리 건너가라고
목욕시키고 팔베개 해 주었지

알아들었는지 날이 새고
내 곁에서 눈을 감았어

너무 커서 쏟아질 것 같던
툭 튀어 나온 눈이
너무 쓰다듬어서
털이 하나도 없던 이마가

손바닥 만한 그 녀석을

안 아 보 고 싶 어

의림지를 떠올리며

  금수산 사찰 해우소 통창으로 유려한 청풍호를 내려다보다 팔십육 년도의 일들을 떠올린다 바가지 덮은 간장독을 싣고 연고도 없이 찾아들었던 곳 어둑한 시간 굽이굽이 계곡 물줄기에 화들짝 잠깨어 당도했던 마을 철부지 부모의 무모한 귀촌과 명민한 두 아이가 달려나오던 초교 교문은 분별없는 개발로 흔적을 찾을 수 없다 주먹만 한 함박눈이 잠깐 사이 천혜의 설경을 그려 주던 의림지는 웨딩드레스처럼 순결하게 가슴에 남아 혹독했던 시간들을 아련하게 만들곤 했지 둘만 낳아 잘 기르자는 표어대로 두 아이를 더 지우고 위로금을 받아 미역국을 끓였던가 먹고 살 길이 없는 산골이라 두 해를 못 버티고 도시로 나오고 말았지만 정방사에서 내려다본 정경이나 노견을 건사하는 처사의 표정이 내 지나온 시절처럼 유장하다

제의祭儀

기다릴 아무도 없는 빈 그리움에
발목이 시려 오는 저녁이면
손바닥만 한 내 아가의 등을 긁어 재우던
아버지의 두툼한 손이 만지고 싶다

죽어 이승에 육신 없는 영혼을 그리지 말라 했다

철망으로 벽을 두른 61년의 용두산공원에서
아버지는 소년처럼 고운데
이제부터 빈 마음 안에 가두지 말자

꿈마다 널 두고 아니 가마지 말고
실향의 한에 발목 잡히지 말고
어렵사리 가득한 상을 마련했으니
시린 마음 밖으로 영영 떠나가시라

낡은 스웨터

우리가 애지중지하는
과거라는 궤짝은 이제
나무 등걸처럼 꺼칠하다

살아오면서 눈물 한줌씩 구겨 넣고
동전 한 닢씩 꺼내 가지던 과거란

우리에게 아버지의 바짓가랑이처럼
든든한 것이었는데

한숨이 새는 엄동 세밑
희끗한 머리를 맞댄 우리는

궤짝을 잡아당겨
이미 구석에나 던져졌을
과거를 꺼내 놓고
아슴하게 즐겁다

무게 I

고된 일터에서 돌아와
막 첫잠이 든 아내를 흔드는 무심한 사내

고급한 술내를 당당하게 풍기며
베에토벤을 틀고 붉은 등을 켜고
차茶를 청한다

그런 사내의 휘황한 손끝에 갇힌 채
출렁이는 일상

피폐疲斃한 영혼에 몸을 떠는
아내를 끌어안고
사내 또한 밤새 어둠을 운다

소묘素描

봉래산 밑 여덟 평 임대 아파트
조기 몇 마리 구워 놓고 창을 열어
과거를 환기시키는 칠십 노인

깊은 골마다 시린 눈물을 매달고
이제사 뉘우칠 일도 없는 일인 걸

품어 논 담배 연기만 회한으로 가득하다

열여섯 시집 왔을 땐 콩각시처럼 귀애해서
밤마다 윗목에 디밀어 주던 과일 몇 알

같이 삼팔선을 넘던 그 피붙이들을
당신 손으로 눈 못 감기우고
푸성귀 팔고 밤 구우며 자식 치다꺼리로

그 아들이 이제 외항선을 타지

처연하게 엎디어 있는 밤바다를 휘돌아보며
늦은 밤 빈 버스를 서둘러 태워 주시는
개가改嫁한 작은어머니

얘야 내 죽기 전에 한 번만 더 찾아와다구

차가운 달을 이고 정물처럼 웅크리고 섰다

부산의 예수

오랜만의 반가운 비가
폭죽처럼 쏟아지던 거리에서
예수는
그 거리가 황홀하기를 기다리고 섰는
여자를 발길질이나 하듯 떠밀어내더니

검은 회오리가 피어오르던
아비의 묘지에서 지쳐 돌아와
편히 안기고자 할 때도
예수는
세상의 모든 휘황함으로부터
아프게 돌려세우더니

이틀을 흠씬 내려서야
비로소 넉넉해진 거리에서
예수는
초록이 넘치도록 싱그러운

언약의 땅에 여자를 버려두고

슬그머니 어디로 가시는지

무게 Ⅱ

오후 되면서 굵은 비가 후둑이고
사람들은 우산 속에서
음습하게 가라앉은
기억들을 꺼내 놓는데
깃을 내리고 싶은
어스름녘의 날짐승이여

기진한 그리움은 무슨 색인가

자정이 넘은 종점에
고집스레 버티고 섰던 달처럼
구겨진 머리로 거리에 나가
몇 봉지의 가난을 움켜쥐고
대문을 걷어차는 그를 볼 때마다

종삼 질퍽한 골목을 돌아
셔츠에 연지를 묻힌 채
밤마다 머리맡에 칼을 꽂고

꺼으꺼으 목을 메던

낡은 사진 속의 아비가 허기지게 그립다

구포 장날

 구포의 장날 풍경은 진정한 구원이다 이제는 근사한 지하도가 생겼는데도 여전히 남루한 거지가 차지한 귀퉁이 빌딩이 즐비한 거리 앞엔 그리움을 파는 곳만 가득하다 실타래며 고무줄이며 말린 개구리 복숭아빛 볼을 가진 젊은이들이 배회하는 뒷골목에도 기껏해야 은행알이나 찐쌀을 한 종지씩 내놓은 할매뿐 하긴 그 구차함이 짙게 밴 싸구려 골목들은 한없이 정겹기만 해서 몇 바퀴씩 돌아나오다 보면 양말 전엔 짝 없는 것들이 뒹굴고 노점 테이프에선 뽕짝 메들리가 넘어가고 참기름 냄새가 아쉬워 한 병 사 들기도 하고 만원버스에 올라 간신히 자리잡고 노곤해지면 여기가 오래전 서울 변두리쯤은 아닐까 아닐까

돌아보면

바다는 언제라도
그대처럼 날 반겨주지 않는다

난 그저 가득한 바람만 데리고
발을 절며 돌아오곤 한다

바다엔 희미하게
한 마리 새
종일토록 발자국만 찍고 있다

넌즈시 출렁이는

창에 흐르는 빗물이 맺힘이 없듯이
낯익은 희미한 미소가
발자욱 푹신하게 하는 오후

거리엔 무더위를 견딘 낙과가
스산함을 나무라듯 쓰다듬고 있다

각자 몇몇의 따스함을 나눠가지며
잘 아는 맛의 달콤한 유혹처럼
돌아올 계절의 혹독함을 예견하는
지혜로운 나이가 된 우리는

강물의 넉넉한 출렁임에
각角진 우려도 얹어 두고
비 개인 휘황한 하늘에
만리향 꽃망울도 날려보내며

냥이의 게슴츠레한 오수처럼
카오스 같은 일상으로 빨려든다

우산을 펼친다

돌아서려는데
그대의 눈이 슬퍼 보여
낙하를 길게 흐르며
흔들리는 불빛

허공을 배회하는
마른 입술 향기

비가 온다

촛농처럼 차갑게 식은 그대의 눈 위로

4부

황외성 作

무게Ⅲ

검은 벽지 사이로
그가 뿜어 놓은 음률이
호소하듯 방구석을 떠다닌다

그래 시인은 허황되기가
공작의 꼬리만큼 하다지

절망의 견고한 속껍질을 까며
청량리역에 쭈그린 가출 소녀를
스케치하던 그의 손끝은
젖은 거리에 깔린 낙엽처럼
현란하기만 하더니

무겁게 눈을 감고
붙박이처럼 누워
장송곡을 듣는 그의
허황됨은 얼만한 것일까

작업

못질을 한다
흐르지 않는 일상 위에

절망의 뒷모습이나
희미해지는 기억 위에 퉁명스레

때때로 우리네들에겐
무슨 바람이 있는지

해가 떨어지면서 숲은
음흉한 그림자를 앞세우고

외로운 자 같이
빈 가지들로 볼을 부비며
적요하기만 한 산

그 터무니없는 침묵 위에
못질을 한다

긴 기다림의 시작이 될
짐승 같은 욕망 위에도

귀가 I

어머니가 늘 온천장에서 집까지
발에 물집이 생기도록 걸었다던 그 길들

명장동이 어디쯤이냐고 묻던 사람이 있었나

촉촉이 젖은 초여름 저녁

오래도록 천천히 취기를 식히며 걸어본다

여흥이 걷힌 입구에
오물 찌꺼기처럼 나뒹구는 웃음들과
경적을 울리며 골목을 빠져나가는 어둠 속에
별들은 얼마나 다정하던지

크다큰 오동잎이 늘어진 골목을 빠져나오면
소돔성 같은 온천장은 아득히 멀어지고

붉은 꽃으로 담장을 뒤덮은 모퉁이를 돌 때

스치던 것이 향기인지 그리움인지

빈 집

 실향민이며 까막눈 상인이어서 외상장부 정리해 드리면 흡족해 하시던 아버지는 밤새 피를 토하다 새벽녘 혼절했다 등에 업힌 아이는 방바닥에 점점이 흩어지던 붉은 빛을 좋아라 들썩거렸지 너를 두고 가지 않으마 허우적이던 아버지는 북쪽을 향해 울며 귀뚜라미처럼 사라졌다 스물세 살 나는 꿈마다 살아계신 아버지를 부둥켜안고 거리 모퉁이를 돌아가는 아버지를 뒤쫓곤 했다

 망각이란 없다 과거는 오히려 또렷하다

 차 버린 이불을 덮어주느라 수잠을 자고 학기가 시작될 때마다 담임선생을 찾아가 훌쩍이고 통금이 지난 대문 곁에서 가로등처럼 나를 기다리던 아버지

 새파랗게 자지러지던 손자를 등 긁어 재우던 커다란 손
 어서 자라기를 고대했던 손자가 장가갔다

수돗물 안 나오던 오류동 꼭대기 집 한 채를 남기고
임종을 지키지 못한 탓일까 아버지는 늘 젊다

장지葬地에서 돌아왔지만 집이 더 장지 같았다
자다가 눈을 뜨면 벽을 보고 앉아 있던 아버지
그 집에서 단 하루도 살 수 없었다

 빈털터리로 부산에 내려와 패고 싸우고 들부수며
살아도 시어머니가 살가웠던 것은 친정아버지 돌아
가신 날 서둘러 사돈집에 도착해 경황없이 빈집에
들어선 어린 며느리를 맞아주던 그 마음씀이 때문이
었다

한 닢의 넋두리

오늘밤 지나면 못 먹는다는
푸성귀를 얻어다가
나물하고 국 끓이고
나무 푸새 가득한 상 위에서
바닷고기 찾는 보일러공 아버지의
후끈 답답하고 소음 찬 보일러실

유학 보낸 아들로부터 온 전화는
부채바람마냥 가라앉고
서울 사는 사장 사위 왔다고
갈비찜에 쇠고깃국 끓여도
타는 가슴처럼 붉은 아가미를 가진
동전 몇 닢의 생선 한 토막

횟집에서 얻어 온 장어 대가리로 끓인
국 한 사발을 달게 들이키시며
흙투성이 구멍난 양말 채로
밥상 앞에 앉아

술 한 잔에 용장 아킬레스처럼 무너지는
아버지의 푸념 그득한 저녁 식사

7월

시를 쓴다는 것이
베어낼수록 연하게 솟는 푸성귀

노인의 기침소리 같은 소나기가
미끄럼 타는 물방울 하나로 내려앉음

농약을 삼키고 버둥대던 아낙의
발그레하니 내려감던 마지막 눈짓 같은

시를 쓴다는 것이

아침을 피우는 나팔꽃처럼
가득한 있음 그것이면

풍경 속으로 I

젖은 산을 헤치며
다문다문 진달래가 웃는데
흐린 차창 밖으로 화사한 나리꽃

당신이 그립다며 고개를 떨군다

너를 두고 그렇게 갈 수는 없다고
부산의 봄 그 낯선 거리에
흰 꽃잎이 눈처럼
자욱이 흩어져 있다

술꾼 장씨

틈새가 벌어진 허름한 벽 저 너머
지열로 몸을 뒤트는 대지는
긴 터널을 벗어난 것처럼 눈이 부신데

분노할 줄 모르는 사람 좋은
홀아비 장 씨의 딱 한 잔의 저녁은
고여 있는 근심으로 탁자에 가득하다

낮 동안 허망한 것에의 기다림은
태양이 옮겨간 자리처럼 식어가고
그가 유일하게 소유할 수 있는
한 잔 술의 투명함으로 세상은 가득한데

사람들은 누구 없이 죽어 가고
등나무 이파리처럼 하강에의 기쁨으로도
삶은 견딜 수 있을 만큼 아름답다고

무심한 새벽 나뭇가지 사이 달처럼
초라해 보이지도 않는 사람 좋은 그는

감겨드는 계집처럼 끈적한 바람 한 자락에
비지땀을 흘리며 빈 방 홀로 남은
아이의 무게로 휘청거린다

비애悲哀

믿음은 역설인가
침묵한 산처럼
당신은 의연한데

사람들 저마다
혼신을 기울여
당신을 끌어내려

산에 올라 내려다보면
사랑의 업적이라고
곳곳의 십자가

세상을 잘 정리된
묘지로 만들고 있다

1979년 겨울

故 대통령의 영구차마냥 흰 눈을 덮고
차창만 빠끔히 굴러가던 겨울이

눈사람만큼 불어가던 불신을 못 막아
천지가 온통 회한으로 계속되는 불황으로
극단을 치닫는 범법자들로 마구 혹사당하던 겨울이

시세 좋아 내다 판 아가의 돌 반지와
유류 파동으로 녹슬어가던 석유난로와
버러지같이 더러운 사건들이
연年 호화 베스트셀러였던 일간지들로
현란히 무르익어 가던 겨울이

항상 과도기이기만 한 이 나라의 정치 앞에
실향민인 내 어버이의 무덤 앞에
꿇어앉아 통곡하던 이 창백한 은빛의 겨울이

작업 II

한 올 한 올 실을 뽑는다

삼십 수 가는 올은 건듯하면
남의 길을 따라가곤 해서
사는 일이 순조롭지 못하다

상처 없는 것들이 되라고
뒤엉킨 것들을 애써 뽑아주고
고르게 가려주는 손길은 아랑곳없고

걸핏하면 불법 모임에 농성에 투쟁으로
보는 이에게 고른 무늬가 되기를 바랄 뿐

전체가 되었을 땐 그저 얼룩일 뿐이고
제거하고 싶은 한 부분일 뿐인가

따뜻한 바람

긴 기도를 위해
잠을 설친 새벽녘엔
북풍이 불어 발을 절곤한다

모퉁이 언제 들어섰는지
불을 밝힌 꽃집을 들여다보며
한 번은 잘 살 거라던
어머니의 오랜 주문을 상기시킨다

낙심하지 말라고 등을 토닥이듯
간구하던 기도 소리
뼛속까지 파고들던
새벽 네 시의 바람도
기도 소리를 온몸에 휘덮고
돌아오는 길은
낮은 목소리처럼 따뜻하다

본질의 미학

어느 쪽이 더 소모적인가 따져본다
게임의 말랑한 모서리를 선호할 것인지
삶의 혼돈 속 명료함을 우선할 것인지
오전의 해맑은 푸르름과
슬픈 오후의 불투명을 나눌 것인지

떠나보낸 녀석의 불그레한 애착과
어둔 거리의 불빛을 지켜보길 즐기는
명민한 냥이의 긴 울음소리를 뒤로한 채
문을 닫는 것이 옳은 짓인지

떠나기를 재촉하는 우울한 하늘은
외로워 보이지 않는다
담담한 표정이 오히려 측은하다
너무 높아진 하늘보다
덜 마른 음지가 그리울 것 같은

돌아오지 못하고 있는

우주선의 미래가 복잡하다

해설

질펀거리는 생生의 뒷면에 아로새긴 진실을 위해

- 김영옥 시의 세계

정 훈
(문학평론가)

  김영옥 시에는 존재와 생명이 길항하는 시·공간에서 수런거리는 말들이 숨어 있다. 역사와 민중, 그리고 이름도 모를 모든 생명이 휩쓸다 지나간 자리에 버짐처럼 박혀 있는 것들을 다시 호명하면서 이들과 입을 맞추려는 시인의 의지와 마음이 이번 시집에 고스란히 드러난다. 필자는 이른바 '시적인 것'으로서 시의 소재가 되는 모든 것들이 어떤 방식과 형식으로 시에 녹아드는지 골똘히 생각한 적이 있다. 시인을 강렬하게 건드리고 사로잡는 것이 무엇이건 시에 나타난 형식과 시적 형상화를 역으로 추적하면 바로 시인의 삶에서 가장 중요한 시기에 대한 기억이 옹근 자리잡고 있음을 알 수 있다. 유년에서부터 시작한 삶의 기억은 청년과 중년을 거쳐 최근 시간대에 걸쳐 있기도 하다. 혹은 특정한 상황에 놓이거나, 특정한 인연과 맺은 기억이 시인의 머릿속에 오래 남아 있다가 예기치 않은 기회로 시적인 세계에 발을 들이기도 한다. 이런 점에서 시간은 우리를 오랫동안 세계의 표면을 매만지며 감각과 지각의 유추와 재형상화를 이루게 하는 세계의 범주일 수밖에 없다.

특별한 기억의 재구성은 시인이 숨 쉬고 있는 지금 이곳에서 볼 때 더 이상 되돌아갈 수 없는 세계에 대한 현재화이다. 기억은 기억하는 지금에서야 비로소 의미 있는 시간을 구성해 낸다. 그래서 시뿐만 아니라 언어로 기록되는 모든 형식의 글은 지난 시간 속 정황을 담은 그릇에 지나지 않는다. 하지만 시가 기록의 의미를 벗어나 형상화를 통한 문학성을 담보해야 하는 기능을 떠맡았다고 할 때, 그 언어의 형상화에는 삶의 진실이 들어있을 수밖에 없을 것이다. 삶의 진실은 사후(事後) 기억을 통해 재구성되고, 재구성된 시간에서 끄집어내는 기억은 현재 시인이 소환한 삶의 중요성을 곱씹는데 소중한 거름이 되기도 한다. 순간의 미학인 시는 찰나의 시간적 단면을 지금 이곳과 대비하면서 불꽃을 튀게 하는 언어의 구성이다. 이런 의미에서 김영옥의 시는 기억의 잔해를 헤집고 찾아낸 사금파리 같은 존재의 진실을 생각하고자 시도하는 시 쓰기라 할 수 있을 것이다.

옛 모습이라곤 남아 있지 않은 사십계단 아래서
차를 마신다

멀리서 온 처자들이 앞다투어 셔터를 누른다
설렘과 환호를 보는 것만으로의 위로는 얼마나 큰지

어둠이 내리는 골목길을 돌아 붉은 성당을 만난다

크리스마스를 앞둔 작은 성당의 불빛들이
온기 없는 주변의 손을 잡아준다

성당은 유년의 기억으로 언제나 따스하지

어머니의 사십구재가 지나고
고생만 하던 지인의 아내가 세상을 등지면서
피폐해진 우리의 가슴에 성당의 첨탑을 모
신다

홀로 어둔 거리는 낯설다

출판사 골목이 보이는 보수초교 앞에서
버스를 타고 낯설음으로부터 벗어나며
유년의 그리운 첨탑과도 벗어나다

– 「보수초교 버스정류장」 전문

 위 시의 제재는 '보수초교 버스정류장'이면서 그 부근에 있는 성당과 사십계단을 기억에서 호명하고 있다. 유년의 기억에 고스란히 남아 있는 부산 원도심의 이미지와 현재 시인이 찾아간 곳의 이미지는 사뭇 다를 수밖에 없다. 오랜만에 찾아간 기억의 한복판에는 달라진 풍경만이 덩그러니 시간을 훌쩍 뛰어넘는다. 여기에서 시인은 예전과 달라진 동네의 모습에 낙담하기보다는 시간의 더께에 달라진 빛을 가만히 응시하면서 과거와 현재를 대비한다. 시인에게는 그리 낯설지 않는 동네인데도, "홀로 어둔 거리는 낯설"어 보인다. 그러나 "버스를 타고 낯설음으로부터 벗어나며/ 유년의 그리운 첨탑과도 벗어나"면서 한때 젊은 날을 휘저었던 삶의 배경 한복판을 가로지르는 것이다. 어릴 적 기억을 가득 메운 곳을 우연히 다시 들렀을 때 느끼는 감회는 누구나 짐작할 수 있다.

과거는 완전히 지나가 버려서 더 이상 소환할 수 없는 시간이 아니다. 언제라도 다시금 불러낼 수 있는 시간이다. 다만 그 시간을 되돌릴 수 없을 뿐이다. 그래서 '시간'이 남기는 흔적은 다양한 모습으로 사람들에게 각인된다. 단순한 흔적이기도 하고, 상흔이기도 하고, 다시 보고 싶지 않은 어둠의 영역이 되기도 한다. 그러나 그 흔적의 표정이 어떻든 시간은 다양하고 층이 넓은 체험의 이미지를 중화시키거나 바랜 그림으로 채색하는 기능 또한 맡는다. 어쨌든 어린 시절의 꿈과 희망이 배경이 된 마을을 시간이 한참 지난 뒤에 찾을 때 찾아오는 소회는 지금 이 순간의 의미를 다시금 되새기면서 삶의 소중함이 무엇인지 생각하게 하는 힘을 준다고 보아야 한다.

>어머니가 늘 온천장에서 집까지
>발에 물집이 생기도록 걸었다던 그 길들
>
>명장동이 어디쯤이냐고 묻던 사람이 있었나
>
>촉촉이 젖은 초여름 저녁
>
>오래도록 천천히 취기를 식히며 걸어본다
>
>여흥이 걷힌 입구에
>오물 찌꺼기처럼 나뒹구는 웃음들과
>경적을 울리며 골목을 빠져나가는 어둠 속에
>별들은 얼마나 다정하던지
>
>크다란 오동잎이 늘어진 골목을 빠져나오면
>소돔성 같은 온천장은 아득히 멀어지고
>
>붉은 꽃으로 담장을 뒤덮은 모퉁이를 돌 때
>스치던 것이 향기인지 그리움인지
>
>　　　　　　　　－「귀가Ⅰ」전문

위 시 또한 기억 속 온천장 일대에서 집까지 펼쳐진 공간을 소재로 현재 화자의 마음에 남아 있는 시간의 찌끼를 건져올리는 작품이다. 유년에 사금파리처럼 펼쳐진 장소는 시간이 지남에 따라 파편적으로 걸러진다. 화자는 유흥주점이 밀집한 온천장 일대를 다시 지나며 과거 어머니가 걸었던 동선을 떠올린다. "크다큰 오동잎이 늘어진 골목을 빠져나오면/ 소돔성 같은 온천장은 아득히 멀어지고/ 붉은 꽃으로 담장을 뒤덮은 모퉁이를 돌 때/ 스치던 것이 향기인지 그리움인지" 가늠하며 옛날과 지금의 모습을 절로 대비하면서 추억에 젖는다. 시인은 그런 감상 혹은 감정에 휩싸이면서 "향기인지 그리움인지" 헤아린다. 이런 진실이 가능한 까닭은 유년의 시절이 지금에 와서 생각해 보니 향기를 몰고 오는 그리움으로 다가왔다는 의미일 것이다. 누구나 그러하듯이 어릴 때 기억이 어느 순간 우연한 기회에 마음을 사로잡으면 안온한 추억 속으로 걸어가는 경우가 많다. 당시 함께 했던 가족이 먼저 등장하면서 길이나 건물, 그리고 빛깔이나 느낌 등 곁가지 요소들이 한꺼번에 몰려올 때가 있다. 이런 모든 시간의 잔해는 문득 현재 이미지 속으로 달려온다. 시간이 만들어 놓는 회상의 행복한 기억 속 자신을 포함한 모든 존재가 정물처럼 따뜻하게 자리잡는다.

  김영옥의 시는 사람과 풍경이 교차하면서 생겨나는 감성의 결들이 가지런히 매달려 있다. 여기에는 삶의 팍팍한 시간을 견디는 존재의 의지와 함께 소박하고 단순하지만 삶의 태도를 망가뜨리지 않는 평범한 소시민의 생활세계가 포근하게 담겨 있다. 특히 시에서는 시인이 자주 보아온 사람들을 곧잘 소재로 가져오는데, 김영옥 또한 가족의 서사가 단편적으로 흩뿌려져 있음을 확인하게 된다. 중년을 훌쩍 넘어선 나이를 감안하면 아무래도 어릴 적 부모님이 시인에게는 가장 오래된 그리움의 대상일 가능성이 크다.

  시인뿐만 아니라 1970~80년대 산업화를 지나온 한국인이라면 간직하고 있을 생활환경이나 정서를 표현한 시들이 여럿 있다. 그 가운데 한 편을 들어보자.

    오늘밤 지나면 못 먹는다는
    푸성귀를 얻어다가

나물하고 국 끓이고
나무 푸새 가득한 상 위에서
바닷고기 찾는 보일러공 아버지의
후끈 답답하고 소음 찬 보일러실

유학 보낸 아들로부터 온 전화는
부채바람마냥 가라앉고
서울 사는 사장 사위 왔다고
갈비찜에 쇠고깃국 끓여도
타는 가슴처럼 붉은 아가미를 가진
동전 몇 닢의 생선 한 토막

횟집에서 얻어 온 장어 대가리로 끓인
국 한 사발을 달게 들이키시며
흙투성이 구멍난 양말 채로
밥상 앞에 앉아
술 한 잔에 용장 아킬레스처럼 무너지는
아버지의 푸념 가득한 저녁 식사

― 「한 닢의 넋두리」 전문

산업화 시대의 '아버지'는 가장을 떠나 한 집안의 중심이었으며 대들보였다. 아버지의 존재는 집안의 '국가'나 다름이 없었다. 가부장제의 공고

한 유교 체제가 산업화 시대를 맞이한 자본주의 사회라고 해서 비껴날 수가 없었다. 지금도 여전하지만 수십 년 전 한국 사회에서 아버지-아들로 이어져 내려오는 혈연 승계 제도와 체제는 굳건한 이데올로기로써 우리 무의식에 자리잡았다. 이런 뜻에서 아버지의 밥상은 두 가지 의미를 지닐 수밖에 없다. 집안의 상징적인 권력으로서 아버지가 끼니를 해결하는 '신성한' 행위가 하나이고, 식구들이 한데 모여 있는 자리에서 절로 잡히게 되는 위계나 서열 확인이 다른 하나이다. 그러나 이러한 '뻑뻑'한 체제 의식은 우리 경험으로 보면 그리 오래 지속되지 않는다. 자연스러운 식사 행위로서 한 가족이 둘러 앉아 밥을 먹는 '의식'이 몸에 배어 있기 때문이다. 위 시에서 형상화된 아버지의 모습은 평범한 일상의 한 장면으로 보아도 무방할 것이다. 아버지가 한때 그런 저녁을 보냈던 풍경이 시인의 머릿속을 지나갈 때 떠오르는 단면으로 볼 수 있다. "술 한 잔에 용장 아킬레스처럼 무너지는/ 아버지의 푸념 그득한 저녁 식사"에는 일상을 힘겹게 살아가는 우리 윗 세대의 고단함이 절로 묻어난다. 자신의 욕망을 집안을 위해 덜어내거나 희생하는 모습은 비단 아버지뿐만 아니라 어머니에게도 해당된다고 보아야 할 것이다. 그렇지만 '어머니'가 불러일으키는 다양하고 깊은 상징성과는 왠지 아버지에게 묻어 나오는 상징은 아무래도 단순하거나 얇게만 느껴지는 게 사실이다. 아니 어머니보다도 더욱 복잡하거나 두텁게 느껴질 수도 있다. 한국 문학에서 두 존재에 할애하는 묘사나 형상화는 비교할 수 없을 만큼 차이가 난다는 사실을 기억한다면, 위 시에서 보여주는 아버지의 이미지는 그런대로 시인이 독창적으로 형상화한 시적 형식으로 볼 수 있다.

> 틈새가 벌어진 허름한 벽 저 너머
> 지열로 몸을 뒤트는 대지는
> 긴 터널을 벗어난 것처럼 눈이 부신데
>
> 분노할 줄 모르는 사람 좋은
> 홀아비 장 씨의 딱 한 잔의 저녁은
> 고여 있는 근심으로 탁자에 가득하다
>
> 낮 동안 허망한 것에의 기다림은

태양이 옮겨간 자리처럼 식어가고
그가 유일하게 소유할 수 있는
한 잔 술의 투명함으로 세상은 가득한데

사람들은 누구 없이 죽어 가고
등나무 이파리처럼 하강에의 기쁨으로도
삶은 견딜 수 있을 만큼 아름답다고

무심한 새벽 나뭇가지 사이 달처럼
초라해 보이지도 않는 사람 좋은 그는

감겨드는 계집처럼 끈적한 바람 한 자락에
비지땀을 흘리며 빈 방 홀로 남은
아이의 무게로 휘청거린다

- 「술꾼 장씨」 전문

「술꾼 장씨」의 경우도 앞서 살펴본 아버지와 같은 존재다. 정도의 차이는 있을지언정 우리 세대 아버지를 상징한다. 시인이 바라보는 장씨의 모습은 지금도 찾으려면 수월하게 찾을 수 있다. "분노할 줄 모르는 사람 좋은/ 홀아비 장 씨의 딱 한 잔의 저녁은/ 고여 있는 근심으로 탁자에 가득하다"는 진술에서 굳이 장씨가 아니라 다른 성씨를 집어넣어도 시적 형상화에는 변화가 없다. 시인이 묘사하는 장씨는 퍽퍽한 삶의 여유를 가져다주는 유일한 시간으로서 술을 마시는 일로써 하루 일과의 무게를 덜었으리라. 근심 걱정이 없는 사람이 있겠느냐마는, 위 시에서 묘사한 장씨의 근심은 흔히 예상할 수 있는 일일 것이다. 예나 지금이나 서민의 삶이란 희망이나 낙을 하루치 노동에 저당 잡힌 채 언제 무지개처럼 자신에게 다가올지 모르는 앞날을 기대하며 사는 삶이다. 간혹 조그만 기쁨이나 행복이 찾아올지라도, 우리 평범한 인간의 삶에서 궁극적인 행복을 얻기란 얼마나 힘든 일일까. 필부의 삶이란 언제든 예상할 수 있듯이 특별하지도 유난스럽지도 않다. 유난스럽지 않는 삶이지만 파문(波文)처럼 왔다가 삶을 통째로 앗아가 버리는 일도 잦다. 평범함은 '별일이 일어나지 않는 잔잔한 상태'가 아니라 언제든 비극을 맞이할 수밖에 없는 파국을 감춘 채로 존재하는 상태처럼 보인다. 눈을 돌리면 보이는 보통 이웃들의 속내를 비추면 그 속에는 인생의 희로애락이 끝나지 않는 드라마처럼 펼쳐져 있음을 확인할 수 있다. 시란 이런 드라마 같은 삶의 풍경을 건져 올리면서 다시금 곱씹게 되는 인생의 진실을 형상화하는 작업의 결과인 것이다.

>폐수거장 분진의 요동이
>피부로 주변 전체로
>들러붙었을 일상 생생한 공단 거리
>
>오염수로 허접해진 하천은
>막걸리로 연명해도 형형한 눈빛을 지녔던
>천상병 시인의 몰골을 닮아 있다
>
>인간은 더러운 흐름*이라고 명명했던
>위대한 햇살 이끼 틈에 직각으로 꽂히며
>
>가운데로 가운데로 가느다란 물줄기
>이놈 이놈 머리를 쓰다듬는다
>
>　　　　　　　－「오염 더욱 채송화」 전문

김영옥 시에 형상화된 사람과 삶의 뒷면에 자리잡은 진실은 문명의 그림자로써 우리가 외면하고자 하는 곳에도 향해 있다. 기후 위기나 생태 교란과 같은 오늘날 우리가 직면한 환경 문제는 어제 오늘의 일은 아니다. 시인은 오염된 하천을 바라보면서 "천상병 시인의 몰골"을 연상한다. '순수'의 대명사인 시인의 얼굴을 오염된 하천과 비교한 이유는, 이러한 역설을 통해 인간의 욕심이 낳은 괴물과도 같은 지금의 세상을 비판하기 위해서인지도 모른다. 생태가 질서를 잡지 못하고 한 번 비틀어지기 시작할 때 나비효과처럼 번지는 재앙은 불을 보듯 뻔한 일이다. 지금 우리 사회가 당면한 여러 문제 가운데서도 모두 머리를 맞대고 해결 방안을 찾아야 할 중요한 문제가 바로 생태와 기후에 관한 일일 것이다. 이는 생명과 직결된다. 생명이란 말은 워낙 광범위한 의미를 띠고 있어서 구체적으로 적시해서 설명하기 곤란한 개념이다. 모두가 생명을 위한다지만 실은 말뿐인 생명이요, 담론에 그치고 마는 생명이다. 서로를 죽이지 않고 살리려는 마음 상태를 유지하기란 얼마나 힘든가. 죽임의 문화가 횡행하는 요즘 생명이란 화두를 붙잡고 실천하는 분들을 생각하면 더욱 조심스러워지는 말이 바로 생명이다.

  시인은 오염된 하천과 주변에 핀 채송화, 그리고 순수를 살다 간 시인을 한데 모아 독자로 하여금 무엇을 생각해야 할 때인지 묻는 듯하다.

    그때 왜 그랬어요
    그땐 다 그랬어
    그을음 찌든 매케한 통통배
    그대들 마음 아랑곳하지 않는다

    숱한 표정들이 배 밑을 서성이다가
    꼬리풀처럼 새촘해진다

    우린 그때
    호피무늬억새랑 호랑가시나무 닮아
    불편하고 사나울 수밖에 없었을까

    다 그렇진 않았을 거야

    토끼털 코트를 입은
    다섯 살 아이의 사진이 있거든

    숱한 이들이 거친 바람에 부대끼다가

한낮의 슬레이트 지붕처럼 무기력해진다

꽃들이 나를 외면하고 빛을 향하듯
아무도 돌아보지 않는다

삐걱이는 계단을 가진 집이
쓰러질 듯 서 있는 골목에서 내려다보면
오래전 이야기를 누더기처럼 껴입은 그가
서늘한 하늘을 올려다보고 있었지

— 「영도다리에 서면」 전문

  시인이 오랜 생활을 한 부산의 명소 한 곳을 소재로 한 시다. '영도다리'는 부산 원도심인 중구 남포동 및 광복동 일원과 영도구를 잇는 다리로써, 원래는 일제강점기 때 만들어진 도개교로 사용되다가 최근 도개 기능을 되살려 관광명소가 된 다리이다. 영도다리가 주는 상징성은 비단 부산뿐만 아니라 이 나라 근·현대사에서 차지하는 의미가 크다.

  일제의 정략적인 목적으로 건설된 영도다리는 한국전쟁 때는 피란민들의 상봉 장소로 유명했다. 인근 중앙동의 40계단과 국제시장 및 부평깡

통시장 일대와 산복도로에 걸쳐 수많은 가건물 형태의 집이 밀집되었다. 이들의 삶은 한국전쟁 이후 한국의 근·현대사를 관통하면서 산업화와 근대화의 한복판을 경유했다. 그래서 영도다리는 서민의 삶과 애환을 적나라하게 상징하는 기표와도 같은 건축물인 셈이다. "삐걱이는 계단을 가진 집이/ 쓰러질 듯 서 있는 골목에서 내려다보면/ 오래전 이야기를 누더기처럼 껴입은 그가/ 서늘한 하늘을 올려다보고 있었지"란 진술에는 말로 형용하기 힘은 복잡한 사연이 함축되어 있음을 짐작할 수 있다.

영도다리를 기점으로 해서 만나고 헤어지는 수많은 사람들의 눈물과, 이들의 지난했던 삶을 이어줬던 집과 골목에서 "오래전 이야기를 누더기처럼 껴입은 그가" 언제라도 튀어나올 것만 같다. 식민지와 전쟁, 그리고 산업화 시대를 거치면서 영도다리는 떠나보내고 받아들여 맞이하는 장소로서 사람들의 웃음과 기쁨과 애환과 눈물을 지켜보았던 역사적인 장소다. 이러한 영도다리와 그 부근의 풍경을 가만히 들여다보면 우리 삶의 이루는 배경 곳곳에 서린 역사와 시간의 흔적을 찾아낼 수가 있는 것이다. 시인은 그러한 의미로써 위 시를 형상화했다.

방위가 안 좋다 하여 남쪽으로 오시게장을
한 바퀴 돌아 이삿짐을 내린다

구순의 노모를 건사하려 가까운 곳에
터를 잡았다가 아직 시기 상조임을 깨달았다

아내에겐 손찌검도 마다않던 시부께서
새 집에 솥단지와 소금을 준비해
잡귀를 몰아내고 보일러를 꽝꽝 틀며
"에미야, 젤 큰놈 늦게 봐줘서 미안타" 하시던
생전의 두툼한 손등이 그리운 날이다

목청 큰 남편을 잃은 시모는
버거운 자식들 뒤에서 중얼중얼
음소거 된 참견을 일삼으며
빈자리를 채우는가 싶다

나이 들면 비워가며 살아야 한다지
혼수로 장만했던 공단이불에 낀
세월의 검버섯을 보고

자신을 보듯 소스라친다

- 「거처를 옮기며」 전문

김영옥 시의 특징이랄 수 있는 평범한 사람의 미시사(微視史)를 잘 보여주는 작품이다. 시인의 시부모의 일대기가 단 몇 줄을 통해 파노라마처럼 지나간다. "아내에겐 손찌검도 마다않던 시부께서/ 새 집에 솥단지와 소금을 준비해/ 잡귀를 몰아내고 보일러를 꽝꽝 틀며/ "에미야, 젤 큰놈 늦게 봐줘서 미안타 하시던/ 생전의 두툼한 손등이 그리운 날이다" 구절에서 묻어나는 어른들의 대화 풍경은 여느 가정에서 보는 것처럼 유별스럽지 않으면서도 정겹다.

평생을 함께 살아온 부부에게 지나온 세월은 온갖 풍파와 험난한 시간 동안 쌓인 상처와 정이 가득한 법이다. 이들에게 삶이란 가정을 손상하지 않고 자손 건강히 길러 남들만큼이라도 살아보는 과정에 지나지 않다. 누구나 그렇겠지만 사람이 태어나 가정을 이루고 큰 어려움 없이 평생을 보내는 일이 말만큼 쉽지가 않다. 여기에서 삶의 진실 하나를 생각해 본다.

사람은 생각을 하는 생명체로서 자신의 고유한 성품을 잃지 않으면서 가족공동체와 사회를 위해 헌신하는 존재다. 눈에 띄게 특출한 행동이나 모범을 보이지 않는 우리 같은 대다수 평범한 사람들의 삶에 드리운 그늘 같은 시간의 결을 매만지면서 확인하게 되는 존재의 진실을 생각한다. 혈연이 주는 정은 미우나 고우나 끝내 사랑이라는 감정으로 귀결된다. 시인은 이러한 사실을 들추면서 삶의 가치가 어디에 놓여 있는지 시로써 형상화한다. 비록 누추하고 보잘 것 없는 삶일지라도 언제나 품고 있는 존재의 의미를 되살리고 이를 이 세계에 가려진 진실의 국면임을 김영옥은 이야기한다. 그 소리는 나지막하지만 울림은 깊고 멀리 퍼져나간다. 이번 시집이 독자에게 주는 여운은 여기에 있을 것이다.

빛남시선 158
너무 노곤적이지 않은

초판인쇄 | 2024년 12월 20일
초판발행 | 2024년 12월 24일
지 은 이 | 김영옥
펴 낸 곳 | 빛남출판사
등록번호 | 제 2013-000008호
주   소 | 부산시 사하구 감천로21번길 54-6
         T.(051)441-7114   E-mail.wmhyun@hanmail.net

ISBN 979-11-94030-11-9(03810)

값 10,000원.

* 이 시집은 2024년 부산광역시, 부산문화재단 〈부산문화예술지원사업〉의
   지원을 받아 제작하였습니다.